Pierre Alizé

SCHULE FÜR HARMONISCHE PERSÖNLICHKEITSENTWICKLUNG

GESAMTKONZEPT DER SCHULE

Cover: © Michaela Talkenberger 2020

Foto: © Pierre Alizé 2019

Pierre Alizé

SCHULE FÜR HARMONISCHE PERSÖNLICHKEITSENTWICKLUNG

Gesamtkonzept der Schule

Sprachliche Bearbeitung: Rabea Tjaden

Verlag: BoD · Books on Demand GmbH,

Überseering 33, 22297 Hamburg, bod@bod.de

Druck: Libri Plureos GmbH, Friedensallee 273, 22763 Hamburg

ISBN: 978-3-7543-5708-8

Widmung

Jedem, der auf der Suche nach wahrem Wissen ist

Wenn der Mensch den einheitlichen Geist mit dem Begriff Gott verbindet, bedeutet das noch nicht, dass er an diesen Geist, an Gott glaubt, auch wenn er selbst sagt, dass er tatsächlich glaubt. Er glaubt, dass er an den einen und allmächtigen Gott glaubt. Aber in Wirklichkeit ist es nicht ein Glaube, sondern das Wissen darüber, was der Mensch wahrgenommen hat. Denn er hat diesen göttlichen Inhalt durch seine eigene Wahrnehmung empfangen und dies ist nicht ein Glaube, sondern ein Wissen.

Es ist schade, wenn jemand die Welt nur aus einem der zwölf möglichen Blickwinkel (siehe mein erstes Buch «Hinausgehen über das räumliche Systemdenken – Korrektur der grundlegenden Fehler in der modernen Wissenschaft») betrachtet. Er sieht nur etwas Bestimmtes und nichts Anderes, oder er will nicht mehr sehen. Es ist an der Zeit, die bisherigen mentalen Krücken loszuwerden. Sie einfach wegzuwerfen! Sonst verlernen wir vollständig das Denken und werden nie in der Lage sein, die Realität dieser Welt zu erkennen.

FSC
www.fsc.org
MIX
Papier aus verantwortungsvollen Quellen
Paper from responsible sources
FSC® C105338

Schule für harmonische Persönlichkeitsentwicklung

(am 14.04.2015 wurden Idee und Name in Genua/Italien geboren)

«Die Schule soll stets danach trachten, dass der junge Mensch sie als harmonische Persönlichkeit verlasse, nicht als Spezialist.»

Albert Einstein

Gesamtkonzept der Schule:

Die Erziehung zu einer harmonischen Persönlichkeit, die ihre wahre Berufung in dieser Welt spürt, die sich ihres zeitweiligen Daseins bewusst ist und die immerwährende Einheit mit ihrem wahren, göttlichen Ursprung empfindet.

Thesen und Methoden zur Zielerreichung:

- Bedingungen schaffen, die es den Schülern erlauben, Sinn und Zweck des Lehrstoffs und was er mit ihnen zu tun hat, zu erkennen und dadurch Begeisterung am Lernen zu wecken

- Den Willen der Schüler nicht unterdrücken, indem Entscheidungen abgenommen werden, sondern den Willen entwickeln, indem man Konsequenzen aufzeigt und ausprobieren lässt. Nicht vorgeben, was getan werden soll, stattdessen die Situation, die Umstände durch Zeichen und Hinweise so bewusst machen, dass die Schüler selber auf die richtige Verhaltensweise kommen. Die Schüler sollen nicht blind und unwillig gehorchen, sie sollen vielmehr geistig aufgeweckt und für das richtige Tun sensibilisiert werden

- Generell unter Lernen verstehen, Wissen möglichst nicht von ausserhalb einfach aufzunehmen, sondern aus sich selbst heraus zu entwickeln, d.h. durch das eigene Denken zum Wissen zu gelangen, an der Entwicklung des eigenständigen Denkens arbeiten mit Hilfe der sokratischen (mäeutischen) Fragemethode

- Wissen so vermitteln, dass die Inhalte wahrgenommen und verdaut werden können. Statt nur auf Ergebnisse zu schauen und hinzuarbeiten, auch und gerade in den abstrakteren Fächern wie Mathematik den natürlichen und lebendigen Bezug zur Realität herstellen und zum Verständnis der Prozesse nachvollziehbar hinführen. Wissen nicht einfach vorgefertigt verabreichen, sondern entdecken und aufnehmen lassen, wenn und wann die Schüler dazu bereit sind, abhängig vom Zeitpunkt auf ihr inneres Entwicklungsstadium abgestimmt

- Reale Wahrnehmungen und selbstentwickelte Vorstellungen den verbreiteten konzeptuellen Modellvorstellungen, die aus der Realität wegführen, immer vorziehen, indem nur sinnvolle, wirklichkeitsbezogene Aufgaben gestellt werden und nicht etwa in der Art, Äpfel mit Birnen zu multiplizieren oder Ähnliches

- Echte, klare Vorstellungen von Gegenständen, Phänomenen, Zusammenhängen, vom Aufbau und der Funktionsweise von etwas ermöglichen und das in der Seele hervorgerufene Verständnis und den Einklang mit ihr erfühlen und die Stimmigkeit selbst überprüfen (Evidenzgefühl erfahren lassen: «Unabhängig von jeder Logik – fühl mal hinein, kann das stimmen?»)

- Alle Schulfächer tragen zur Entwicklung der zwölf Weltbilder und sieben Seelenprägungen für die harmonische Herausbildung der Persönlichkeit gleichermassen bei. Jedes Fach hat seinen eigenen inhaltlichen Schwerpunkt und liefert auf homogene Weise Beispiele, um die verschiedenen Sichtweisen zu üben. Dabei eignen sich bestimmte Fächer für bestimmte Weltbilder und Seelenprägungen besonders gut, z.B. Mathematik für das mathematistische Weltbild und die logische Seelenprägung

- Aufteilung der Fächer in Naturwissenschaft (Wissenschaft von der räumlich-materiellen Welt, also der Schöpfung. Humanwissenschaft, Wissenschaft vom Menschen und den menschlichen Belangen, Geisteswissenschaft Wissenschaft der nichträumlich-nichtmateriellen Welt.) Also vom Schöpfer und der geistigen Welt, in denen man sich überall mit dem Denken befasst und in denen die neue wissenschaftliche Basismethode angewendet werden kann, den Bereich Kunst. Gestalten & Ausdruck Entwicklung des eigenen Mitschöpfertums und der eigenen Schöpferkraft. In dem der harmonische Einklang des eigenen mit dem höheren Willen angestrebt wird. Religion, in dem die Rückverbindung praktiziert und das göttliche Fühlen entwickelt wird.

- Naturwissenschaftliche Fächer zum Kennenlernen und Erforschen der Schöpfung. (Bis zur Grenze der geistigen Welt.) Dadurch Entwicklung des klaren, logischen, lebendigen Denkens: Algebra, Geometrie, Physik, Chemie, Biologie/Anatomie, Geologie/Erdkunde, Astronomie, Informatik.

- Humanwissenschaftlichen Fächer zum Entdecken und Entwickeln der menschlichen kulturellen Errungenschaften: Muttersprache, Fremdsprachen. Alle bestehend aus

Literatur- und Sprachwissenschaft: Englisch, eine slawische Sprache (z.B. Russisch), eine romanische Sprache (z.B. Französisch, Spanisch, Italienisch). Als Wahlfach eine weitere Sprache (Latein/Altgriechisch, Hocharabisch, Chinesisch/Japanisch, Indonesisch, Indisch). Gesellschaftswesen: Sozialwesen, Rechtswesen und Wirtschaftswesen, Geschichte (Historie der Menschheit inkl. Historie der Religionen*(siehe Seite 11) und Philosophien); Astrophilosophie, in der vornehmlich die Weltbilder und Seelenprägungen gelehrt werden. Ein weiteres Fach einführen «Intra- und Intermenschlichkeit». Hier geht es um Selbstregulation und Beziehungsfähigkeit, d.h. den richtigen Umgang miteinander, mit sich selbst, mit der Welt, um Gefühle nicht ins Unterbewusstsein zu treiben oder Emotionen unlenkbar zu machen.

- Geisteswissenschaft als eigenes Fach über die geistige Welt und das Wirken des Schöpfers. Im Rahmen dieses Fachs kennenlernen der überzeitlichen und zeitlosen geistigen Gesetzmässigkeiten, der höheren Gesetze des Universums. Das Erste, was man in der Schule lernen sollte, ist, was ewig ist und was nicht ewig ist, die Bedeutung des Ewigen.

- Kunst, Gestalten & Ausdruck: Musik, Zeichnen und Malen, Literatur (selber produzieren), Gestaltung (Werken,

Basteln und Handarbeiten), Bewegung und Eurythmie, Schauspiel.

- Religion: Praktische Rückverbindung (religare) mit dem Göttlichen, dem ewigen Ursprung, der geistigen Heimat unter Einbeziehung der höheren Gefühle, Kennenlernen des echten Betens und der Vielfalt des Gebets (nicht nur in Worten).

Richtiges Erleben der drei Zeitdimensionen im höheren natürlichen Bewusstseinszustand (im Gegensatz zum Alltagsbewusstsein oder sogar zum gestressten Alltagsbewusstsein). Bezogen auf die Gegenwart Finden von Entspannung und innerem Frieden, bezogen auf die Vergangenheit Auffinden von Erinnerungen in diesem und in früheren Leben. Bezogen auf die Zukunft Verstehen, wie die Zukunft aus der Gegenwart entsteht, und Tendenzen erkennen.

Zu einem bewussten realitätsbezogenen Verständnis von Zeit erziehen. Mit allem, was wir heute tun, legen wir den Grundstein und bauen unsere Zukunft. Morgen wird das Heute in die Vergangenheit übergehen, so wie die bereits bestehende Vergangenheit in eine noch tiefere Vergangenheit, einschliesslich aller vergangenen Leben, eingeht. Es ist notwendig, bei den Schülern ein Bewusstsein dafür hervorzurufen, dass ihre Zukunft gleichermassen von der

Gegenwart und der Vergangenheit beeinflusst wird. Alles, was eine Person in einem Leben getan und erreicht hat, wird auf sein zukünftiges Sein übertragen, und die Menschheit selbst überträgt Ereignisse von einer Epoche in eine andere.

*Vermittlung von wahrem Wissen über alle Religionen, das Wesen und die Bedeutung von religiösen Feiertagen, Ritualen, Fastenzeiten etc., der verschiedenen heiligen Schriften und die Gründe für ihr Erscheinen, die sich in ihrem Sinn gegenseitig ergänzen, zur Herausbildung von Wissen, Toleranz und Offenheit.

- U.a. für die Herausbildung weiterer Weltbilder die imaginative (bildliche), inspirative (auf alle anderen Sinne bezogen) und intuitive (unmittelbares Wissen betreffend) Wahrnehmung entwickeln.

- In erster Linie Entwicklung nicht des Verstands, sondern der Vernunft, d.h. weniger des subjektiv-menschlichen und mehr des objektiv-göttlichen Denkens.

- Bei den Schülern die Fähigkeit fördern und entwickeln, allgemeine Begriffe zu intuieren. (Allgemeine Begriffe werden nicht im Gedächtnis aufbewahrt, sondern intuiert.)

Das Gedächtnis selbst und die Konzentration müssen nicht speziell trainiert werden, dürfen aber nicht geschwächt werden durch unnatürliche Beschäftigung, übermässigen Digitalkonsum und Achtsamkeitsverschwendung.

- Auf der Grundlage des Wissens über die Auswirkungen der Planeten auf den Menschen. (Aus der Astrophilosophie.) Über die individuell und zu verschiedenen Zeitpunkten unterschiedlich ausgeprägten Weltbilder einen auf die Persönlichkeit des jeweiligen Schülers zugeschnittenen Bildungsansatz verfolgen. Dabei gerne die unterschiedlichen Fähigkeiten von verschiedenen Schülern synergistisch nutzen und voneinander lernen lassen. In der logischen Konsequenz keine Gruppenstrafen anwenden, ausserdem keine unzusammenhängenden, unnötigen und künstlichen Regeln schaffen, die eines realistischen Bezugs zur äusseren Lebenswelt und seelischen Innenwelt der Schüler entbehren. Keine Regeln um der Regeln willen! Den Blick der Schüler auf die Welt und ihre inneren Zusammenhänge nicht durch Regeln verstellen. Roboterhaftes Befolgen von Regeln wird überflüssig, wenn die Schüler ihr Denken, Fühlen und Wollen situativ und verständig entfalten können. Alle drei Seelenanteile müssen gleichwertig angesprochen werden und gleich viel Raum bekommen.

- Hausaufgaben (nur als sinnvolle Vor- und Nachbereitung des Unterrichtsstoffs) fakultativ und individuell nach Interesse und Bedarf auf Nachfrage seitens der Schüler.

Ansonsten gilt: Was du heute gelernt hast – vergiss es, lass es los!

Albert Einstein: «Bildung ist das, was übrigbleibt, wenn man all das, was man in der Schule gelernt hat, vergisst.»

- Den Schülern während der schriftlichen Lernproben, die der Selbsteinschätzung dienen, die Möglichkeit geben, alle Aufgaben einerseits auf einem Blatt Papier so zu lösen, wie sie im Unterricht gelehrt wurden. Andererseits auf einem anderen Blatt Papier die Aufgaben nach eigenen Überlegungen und Verständnis zu lösen.

- In dieser Schule gibt es keine Noten und kein Durchfallen, sondern es gibt stattdessen konstruktives Zurückgeben durch den Lehrer, durch die Mitschüler und durch Lernproben. Des Weiteren gibt es freiwilliges, sinnvolles Wiederholen von Inhalten und Unterrichtsstoff.

Noten sagen nichts aus über den tatsächlichen Kenntnis- und Fähigkeitsstand in einem bestimmten Lernbereich. Schon gar nicht, wenn nur für Prüfungen gelernt wird. Denn wer für die Verbesserung von Noten lernt, verliert den wahren Sinn der zu erlernenden Fähigkeit oder Fertigkeit und des Lernens an sich aus den Augen und die Freude über das sich entwickelnde eigene Können. Der aus Noten entstehende Wettbewerb der Schüler untereinander ist selbst am Lernen hinderlich und fördert egogetriebene Konkurrenz statt echter Motivation und Selbstwert. Noten machen die Schüler glauben, dass sie in manchen Bereichen schlecht sind. Andere Bereiche werden herausgehoben und zu wenig den Ausgleich berücksichtigt, welches für eine harmonische Persönlichkeitsentwicklung wichtig ist. Lernfortschritt, Können und Erfolg dagegen sprechen für sich selber und brauchen keine guten Noten. Je nach Ausprägung der Weltbilder und Seelenprägungen im Einzelnen hat JEDER in mindestens einem Bereich sozusagen bereits die beste Note, die jeweils anderen Bereichen darf er – wie jeder andere aus seiner jeweiligen Perspektive auch – kennenlernen und sich in ihnen entwickeln.

- Die Schule sollte schön und einladend sein und aus natürlichen Materialien gebaut sein (ggf. von den Schülern selbst). Möglichst mitten in der Natur, z.B. an einem Wald gelegen. Raumgestaltung, helle und warme Farben und organische Formen sollen eine Atmosphäre grösstmöglicher Freiheit und Geborgenheit erzeugen. Schule als Raum der Liebe und Entfaltung. Die Räume sollen sich an mindestens einer Seite vollständig nach draussen öffnen lassen und der Unterricht so viel wie möglich im Freien stattfinden. Es gibt Klassenräume und Aufenthaltsräume. In Letzteren, die sehr vielfältig gestaltet sind, grosse runde Tische und Lieblingsplätze. In den Klassenzimmern sind die Einzelpulte der Schüler flexibel beweglich (mit Rädern beim Anheben) z.B. in kleinen Gruppen zusammenführbar oder zumeist im Kreis auf einem grossen runden Podest angeordnet, welches sich drehen lässt. Der Lehrer kann sich im Inneren des Kreises oder aussen herum bewegen. Eine Tafel befindet sich am Rand und ist von den Schülern aus ihrer langsamen Gesamtrotierbewegung einsehbar.

- Auch die zeitliche Einteilung des Unterrichts sollte so flexibel und individuell wie möglich sein. An fünf Tagen beginnt wegen des unterschiedlichen Biorhythmus die Schule um 7, 8 und 9 Uhr und endet dementsprechend um 12:15, 13:15 oder 14:15 Uhr. Nach der halbstündigen Einstimmung am Morgen (* siehe Seite 18) hat jede Unterrichtseinheit 45 Minuten mit anschliessender 15-minütiger Pause. Die ersten beiden Stunden beziehen sich auf das Denken, die dritte und vierte Stunde auf das Fühlen und die fünfte Stunde auf das Wollen (schöpferische Tätigkeiten). Nach der Mittagspause (3/4 Stunde) schliesst sich noch eine Stunde Kunst, Gestalten & Ausdruck an (ggf. mit offenem Ende), die mittwochs und freitags nach Hause verlegt wird. Regulärer Nachmittagsunterricht von Denkfächern findet keiner statt. Auf freiwilliger Basis Wiederholen von Unterrichtsstoff, gegenseitiges Vermitteln der Schüler von Gelerntem. Auf diese Weise ist noch Raum für eigene Hobbies und Interessen. Der Abend sollte der Familie vorbehalten sein.

Je nach inhaltlichem Schwerpunkt eines Fachs und Entwicklungsstand der Schüler findet Block- und projektbezogener Unterricht über mehrere Stunden hinweg oder auch wochenweise statt.

Drei Monate Sommerferien (Erster Schultag am 1. September, letzter Schultag am 31. Mai), letzte Oktoberwoche Erntedankferien, 14 Tage Weihnachtsferien (die 12 Raunächte plus ein Tag davor und ein Tag danach frei), ab Mitte Februar eine Woche Winterferien und ab dem ersten Vollmond nach Frühlingsanfang eine Woche Frühlingsferien. An Ostern sind Karfreitag bis Ostermontag frei

Das sind 17,5 Wochen Ferien pro Jahr im Gegensatz zu 14 Wochen Ferien in Deutschland und 13 Wochen in der Schweiz. Die Zahl der Wochenunterrichtsstunden beträgt 30, multipliziert mit der Anzahl der Unterrichtswochen

(34,5) ergeben sich 1035 Jahresunterrichtsstunden im Gegensatz zu 1140 bis 1216 in Deutschland und 1170 in der Schweiz.

Die durchschnittlich 140 Unterrichtsstunden bzw. 4,5 Wochen Unterricht weniger in der Schule der harmonischen Persönlichkeitsentwicklung sind absolut ausreichend für den gleichen Unterrichtsstoff in einer konventionellen Schule. Da erstens durch die neue Basismethode, zweitens durch das beispielhaftere Lernen zur Erziehung zum selbstständigen Denken und drittens durch die eingesparte Zeit beim Wegfall der ständigen Schularbeiten. Klausuren, Tests und Prüfungen usw. Der gleiche Stoff wird zeitlich und inhaltlich besser und effizienter vermittelt. Darüber hinaus trägt auch der Wegfall der regulären Hausaufgaben und die mehr freie Zeit generell zu einem entspannteren Grundzustand der Schüler bei. In dem es sich viel besser lernen, denken, aufnehmen, verarbeiten und kreativ sein lässt.

- Die Schüler vor dem Erarbeiten von Wissen (geistige Nahrung) in der halben Stunde vor Schulbeginn, grundsätzlich in einen Zustand freudiger Erwartung und Aufnahmebereitschaft des durch sie selbst zu empfangenden Wissens bringen. Welcher vergleichbar ist mit dem Seelenzustand im Gebet vor dem Essen.

(*) Dies kann geschehen mit allem, was genau wie das Beten auch eine Berührung mit dem Göttlichen herbeiführt. Alles, was durch die Sinne die Seele berührt, z.B. Klang, Naturgeräusche, Musik hören, singen und musizieren. Elemente der Natur beobachten. Gedichte hören/vortragen, zeichnen/malen. Spontane Wahrnehmungen/Gedanken aufschreiben. Bewegung und Tanz... alles auch immer wieder zwischen den Stunden.

Den Tag auf diese Weise mit Kunst, Gestalten & Ausdruck im weitesten Sinn beginnen.

Körperliches Wohl, abgesehen von der Bewegung:

- In der Schulkantine zumindest vegetarisches Essen zur Verfügung stellen, besser noch veganes. Monatsweise im Wechsel helfen Schüler in der Schulküche mit und lernen alle Abläufe des Kochens kennen.

- Bei Schülern mit einem schwach entwickelten Skelett individuell darauf hinwirken. Ihre Verbindung mit den Kräften der Erde wiederherzustellen. Diese Kinder zu diesem Zweck öfter in die Natur führen, ihnen beibringen, kleine

Dinge zu bemerken, um auf die Schönheit der Welt zu achten. Mit ihnen direkt auf der Erde arbeiten, z.B. Blumen, Obst und Gemüse anbauen.

- Richtig lernen, in Güte mit der Welt zu interagieren. Indem man sich und andere mit dem höheren Ursprung, der Weltenvernunft, verbindet: durch gezielte Tätigkeiten (Anregungen unter*, siehe Seite 18) in einen besonderen seelischen Zustand der Entspannung und Fokussierung gehen. In dem die Welt auf reine Weise gefühlt und erkannt werden und mit ihr interagiert werden kann. Dabei aber nicht zu tief ins Räumlich-Materielle eintauchen und dort haften- bzw. steckenbleiben, sondern von der Aussenwelt aus immer wieder nach Innen zu Gott gehen, von der Wirklichkeit zur Wahrheit.

Ziel: Ein gütiges Verbindungsmedium zwischen der räumlich-materiellen und nichträumlich-nichtmateriellen Welt zu werden.

- Bei der Erziehung geht es in erster Linie darum, den inneren Kontakt mit Gott herzustellen, d.h. Liebe in der Seele hervorzurufen. Dabei kann man sich zwar ruhig eine gewisse Strenge im Sinne von Konsequenz (nicht das Ego bedienen) erlauben, muss sich aber gleichzeitig ständig fragen, ob sie eine erzieherische Wirkung hat, d.h. ob der Erziehungsprozess tatsächlich geschieht, der den inneren Kontakt mit Gott verstärkt, oder ob es ein leerer Energieaufwand ist. Wenn der gewünschte Erziehungseffekt nicht stattfindet, deutet dies darauf hin, dass der Erzieher selbst den inneren Kontakt mit Gott in seiner Seele stärken muss, bevor er erzieherische Massnahmen anwendet.

- Bei der weiteren Entwicklung von Konzept und Lehrplan der Schule das Beste aus traditionellen Schulen, Waldorfschulen, Montessori-Schulen, Heilpädagogischen Tagesschulen, neuseeländischen Schulen, der Schetinin-Schule am Schwarzen Meer oder der Schatalov-Methodik usw. herausfiltern und kombinieren.

Ethische Grundsätze der Schule:

Wahre Erziehung ist nicht Erziehung zu persönlichen, gruppenrelevanten, sozialen oder religiösen Idealen. Sondern Erziehung zu mehr und mehr eigenständigem Streben nach höherer, kosmischer, göttlicher Harmonie, d.h. Erziehung zu Lebensidealen. Die den höchsten Idealen nicht widersprechen, denn menschliche Logik, menschliche Ideale stimmen oft nicht mit den gottgegebenen Idealen überein oder stehen sogar oft im Widerspruch zu ihnen.

Auf jede erdenkliche Weise zum Seelenerwachen der Schüler beitragen, statt ihre Seelen zu vergiften, indem diese herabgesetzt werden. Wie z.B. durch Sprache, die unbewusst und stark im Menschlichen verhaftet ist (wie z.B. «cool», «geil», «zwei Fliegen mit einer Klappe schlagen», «sich totlachen», Tomaten, die als «Ochsenherz» bezeichnet und gegessen werden...) usw. Um alle Bemühungen so zu lenken, dass der göttliche Anteil der Seele in einem Menschen sich manifestiert und der Mensch sich als göttliche Seele fühlt. So erleichtern wir den Menschen den Eintritt in die neue Epoche – die Ära der Bewusstseinsseele bzw. göttlichen Seele

Den Schülern die wahren Begriffe der Sittlichkeit (angemessenes zwischenmenschliches Verhalten und sich selbst gegenüber, verantwortungsvoller Umgang mit Sexualität) und Tugendhaftigkeit (Einhaltung des Masses in allem. Statt blinder Gläubigkeit, das wahre Wissen über die Rückverbindung «religio») vermitteln und darüber sprechen, wie wichtig es ist, sie ein Leben lang aufrechtzuerhalten.

Den Menschen zu einem freien Wesen erziehen, welcher lernt, sich nicht unhinterfragt nach äusseren vorgesetzten Regeln und Massstäben zu orientieren. Zu richten, sondern nach den inneren, die gegründet sind auf das Ewige, Göttliche in ihm, worin er sich selbst als ewiges, göttliches Wesen erkennt und erlebt. Aus diesem Bewusstsein heraus denkt, fühlt, seinen Willen äussert und handelt. Dann ist er im eigentlichen Sinn frei. Nämlich frei von seinen menschlichen, vergänglichen Vorstellungen, Gefühlen und Wünschen. Daraus folgt das wahre Ich- und Wirbewusstsein, das ihn verantwortungsvoll und mitfühlend leben und handeln lässt.

Galileo Galilei: «Man kann einen Menschen nichts lehren, man kann ihm nur helfen, es in sich selbst zu entdecken.»

Mehr von Pierre Alizé

Auszüge und Leseproben aus den einzelnen Büchern
unter www.pierrealizé.ch

Sieben Bücher aus der Reihe
DEM LEBENDIGEN DENKEN ENTGEGEN:

Das erste Buch: HINAUSGEHEN
ÜBER DAS RÄUMLICHE SYSTEMDENKEN
KORREKTUR DER GRUNDLEGENDEN FEHLER
IN DER MODERNEN WISSENSCHAFT

Das zweite Buch: AUFSCHWUNG AUF DIE NEUE STUFE DES FÜHLENS
DURCH DAS PRISMA DES NEUEN DENKENS

Das dritte Buch: SYSTEMDENKEN AUFLÖSEN
AN BEISPIELEN AUS ALLEN BEREICHEN DES LEBENS

Das vierte Buch: AUFSTIEG ZUM BEWUSSTSEIN DER WELTENPROZESSE
AUF DEM WEG DER NEUEN DENKWEISE

Das fünfte Buch: HANDBUCH FÜR SPIRITUELLE RÜCKFÜHRUNGEN
IN VORLEBEN

Das sechste Buch: ÜBER DIE GÖTTLICHE FÜHRUNG

Das siebte Buch: WIEDERVEREINIGUNG
VON WISSENSCHAFT, RELIGION UND SCHÖPFERTUM
WIEDERGEBURT ZU EINEM LEBENDIGEN ORGANISMUS

Märchen: DIE VERLORENGEGANGENE GROSSMUTTER

Das **Märchen** „Die verlorengegangene Grossmutter", welches **innerhalb von drei Jahren in 22 Sprachen* übersetzt** wurde, beschäftigt sich mit der immer mehr in den Hintergrund gerückten Ursache von allem, ohne die jede noch so ausgefeilte konzeptuelle Modellvorstellung in der bisherigen sich allein auf die räumlich-materielle Welt beziehenden Wissenschaft hinfällig ist.

*Albanisch, Arabisch, Armenisch, Berndeutsch, Chinesisch, Englisch, Französisch, Georgisch, Griechisch, Italienisch, Kurdisch, Persisch, Portugiesisch, Rheinalemannisch, Rumänisch, Russisch, Schwedisch, Serbokroatisch, Spanisch, Türkisch, Ukrainisch, Ungarisch

Übersetzung aus dem Russischen: DAS MÄRCHEN VOM FISCHER UND DEM FISCHLEIN

VON A. S. PUSCHKIN

Zweisprachige Ausgabe Deutsch - Russisch:

ANTHROPOSOPHISCHER SEELENKALENDER

VON RUDOLF STEINER

Auszug aus dem Hauptwerk:

HINAUSGEHEN ÜBER DAS RÄUMLICHE SYSTEMDENKEN

KORREKTUR DER GRUNDLEGENDEN FEHLER
IN DER MODERNEN WISSENSCHAFT

Einsteins berühmte Formel $E = m \cdot c^2$

oder

Das wahre Verhältnis von Masse und Energie

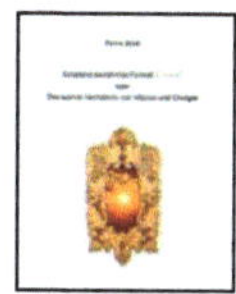

Auszug aus dem Hauptwerk:

HINAUSGEHEN ÜBER DAS RÄUMLICHE SYSTEMDENKEN

KORREKTUR DER GRUNDLEGENDEN FEHLER
IN DER MODERNEN WISSENSCHAFT

Was Licht wirklich ist

Über den Autor

Pierre Alizé ist im Kreis ethnischer Deutscher in Sibirien geboren worden und hat dort Physik, Astronomie und Informatik für das Lehramt studiert und diese Fächer unterrichtet.

Auf der LMU München hat er ein Mathematikstudium absolviert und als Lehrer für Mathematik, Physik und Informatik in Bayern und später in der Schweiz gearbeitet.

Im Kanton Bern hat er nach einigen Jahren zusätzlich Heilpädagogik studiert und ist heute als Schulischer Heilpädagoge auf einer Sekundarschule tätig.

Pierre Alizé, Schweiz

www.pierrealizé.ch

Covervorlage und Illustrationen unter Verwendung von Kunstwerken von Autor, von Julia Abdrazakova und von Michaela Talkenberger

Notizen

Notizen

Notizen